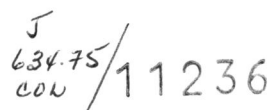

© A. & C. Black (Publishers) Limited, London, 1988
Titre original : Strawberry
Illustrations : George Bernard, © 1988

©De Boeck-Wesmael, s.a., 1989
203, Avenue Louise, 1050 Bruxelles
D 1989/0074/08
ISBN 2-8041-0828-7

Toute reproduction d'un extrait quelconque de ce livre,
par quelque procédé que ce soit et notamment par photocopie
ou microfilm, est strictement interdite.

Exclusivité en France :
Editions Gamma
77, rue de Vaugirard
75006 Paris
ISBN 2-7130-0968-5
Dépôt légal : D 1989/0195/12

Exclusivité au Canada :
Les Editions Ecole Active
2244, rue Rouen
Montréal H2K 1L5

Dépôts légaux :
1er trimestre 1989
Bibliothèque nationale du Québec
Bibliothèque nationale du Canada
ISBN 2-89069-191-8

Imprimé en Belgique

La fraise

Jennifer Coldrey
Photos de George Bernard

Voici un bol de fraises.

Comment aimes-tu les fraises ?
Dans un gâteau ? Garnies de crème ? Ou simplement nature ?

Les plants de fraises poussent dans les jardins et dans les champs, comme ceci.

Vois-tu les fraises mûres ?

Au fil des images, tu découvriras comment poussent les fraises.

Le plant de fraises a des racines.

Le plant de fraises vit au ralenti tout l'hiver.
Quand arrive le printemps, de nouvelles feuilles commencent
à pousser et de nouvelles racines se développent dans le sol.

Ci-dessous, tu vois un gros plan des racines.

Vois-tu les minuscules poils sur ces racines ?
Ces poils puisent l'eau du sol et la distribuent au reste de la plante.
Le plant a besoin d'eau et d'un sol de bonne qualité
pour vivre et grandir.

Des fleurs en boutons apparaissent sur le plant.

Au fur et à mesure que les jours s'allongent et que le temps se réchauffe, le plant de fraises grandit.
Les feuilles s'ouvrent pour recevoir le plus de lumière possible.

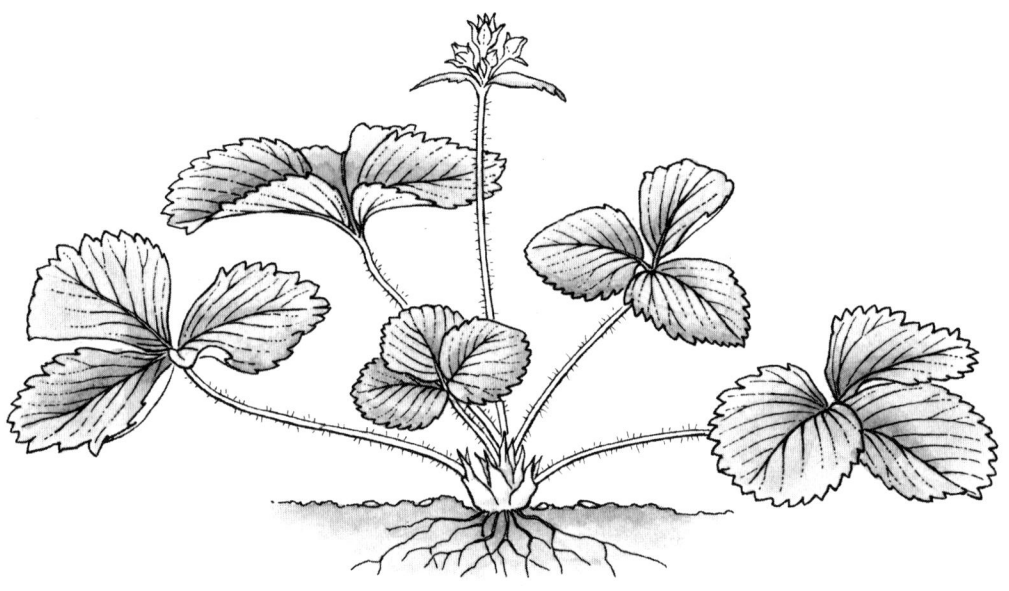

Les feuilles utilisent la lumière du soleil pour nourrir la plante.

Au début du printemps, des boutons se forment sur le plant. Observe la grande photo. Les boutons sont enveloppés par des **sépales** verts.
Bientôt, ils s'ouvriront et les fleurs se déplieront une à une.

Des insectes se posent sur les fleurs.

Chaque fleur a cinq pétales à l'extérieur et un coussinet de minuscules bâtonnets jaunes au centre.

Vois-tu les bâtonnets plus longs, au bout brun-jaune ?
Ce sont les étamines. Leur extrémité se couvre d'une poussière jaune appelée pollen.

Observe la grande photo. Cet insecte se pose sur la fleur, à la recherche de nourriture.
Pendant qu'il la **butine,** un peu de pollen s'accroche parfois à son corps.

Une minuscule fraise commence à pousser.

Quand l'insecte se pose sur une autre fleur de fraisier, il dépose parfois un peu de pollen au cœur de cette fleur.
Une fraise minuscule se développera sans doute.

Les pétales tombent et le cœur de la fleur grossit. Voici une coupe verticale d'une fleur.

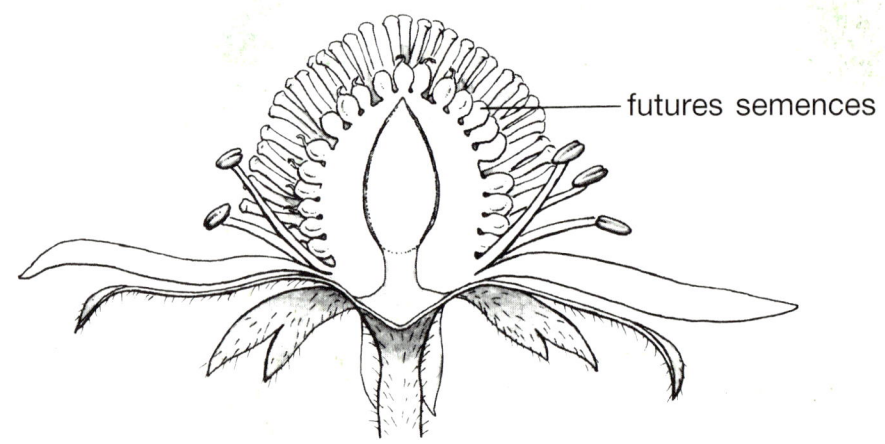

futures semences

Vois-tu les petits grains autour du cœur de la fleur ?
Ces petits grains deviendront les semences de la fraise.

Observe la grande photo.
Combien de fraises comptes-tu sur ce plant ?

La fraise grossit et rougit.

Les semences sont sur la peau, à l'extérieur du fruit. A mesure que la fraise grandit et grossit, les semences s'éloignent du cœur.
Au début, la fraise est verte.
Observe la petite photo.

Cette fraise a trois semaines.
Elle est encore très dure et ne peut être mangée.

A mesure que les fraises poussent, elles deviennent d'abord couleur crème, puis roses, et enfin rouges.
Regarde la grande photo. Elle te montre des fraises à différents **stades** de leur croissance.

Cette fraise a été coupée en deux.

Quand la fraise rougit, elle est mûre.
Elle peut alors être mangée.
Cette photo te montre un gros plan de la peau d'une fraise.

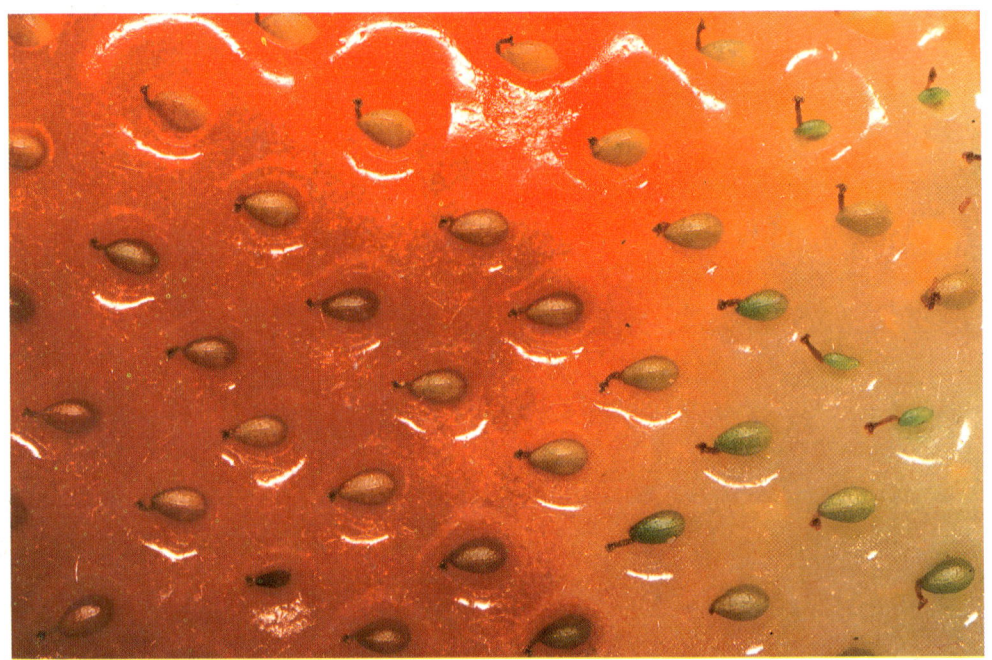

Chaque semence est logée dans un petit creux de la peau.

Regarde la grande photo. Chaque semence est reliée au cœur de la fraise par un trait de couleur pâle.
Ces traits sont les **vaisseaux** qui alimentent les semences.

Les fraises sont mangées.

La plupart des fraises sont mangées soit par l'homme, soit par les oiseaux ou d'autres animaux.
Observe la grande photo. Ce **mulot** mange une fraise mûre.

Si personne ne mange la fraise, elle vieillit et pourrit.
Les fraises pourries ont des taches de **moisissure.**

Quand les fraises pourrissent, les semences tombent parfois sur le sol.
Elles peuvent alors donner naissance à de nouveaux plants de fraises.

Le plant de fraises développe des stolons.

En été, pendant que les fruits poussent, de longues tiges rampantes se développent à partir du plant de fraises. Ces tiges sont appelées des stolons.

Certains stolons peuvent atteindre la longueur de ton bras.
Au bout de chaque stolon pousse un petit bourgeon, couvert de tout petits poils.

Observe la grande photo.
Les petites feuilles du bourgeon s'ouvrent.
Un nouveau plant de fraises commence alors à pousser.

Le jeune plant se développe.

Au bout de quelques jours, le jeune plant de fraises
a davantage de feuilles.
Le stolon **alimente** le nouveau plant.

Regarde la grande photo. De toutes petites racines se développent.

Les racines s'enfonceront dans le sol et maintiendront la plante.
Elles puiseront la nourriture et l'eau dont la jeune plante a besoin.

Le plant de fraises produit de nombreux stolons. Chaque stolon
donnera naissance à un nouveau plant de fraises.

Le plant vit au ralenti tout l'hiver.

En automne, le jeune plant de fraises est déjà plus grand. Ses racines sont profondément enfoncées dans le sol et il a beaucoup de nouvelles feuilles. Il produit lui-même sa nourriture et n'a plus besoin de stolon.

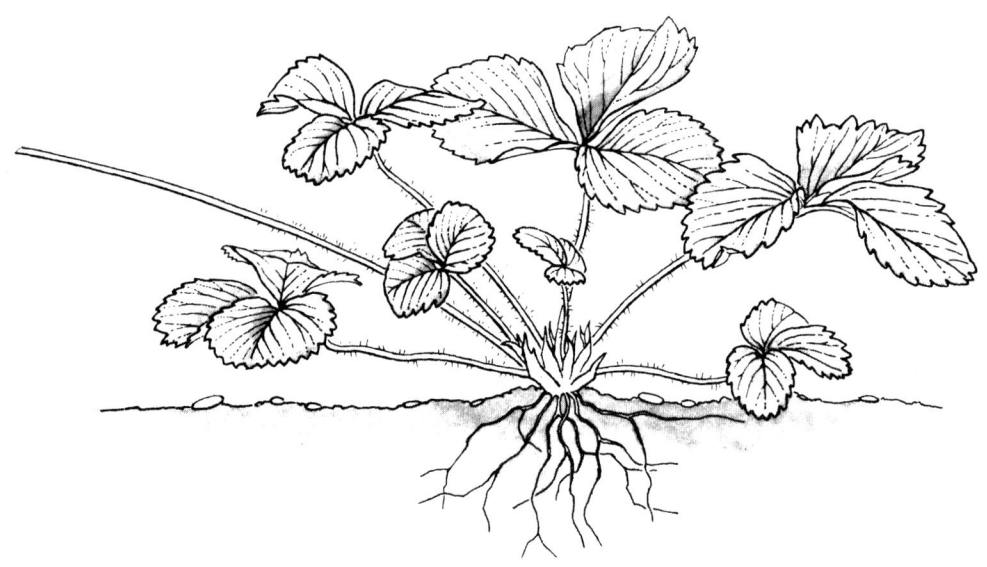

En hiver, le plant de fraises cesse de grandir. Il vit au ralenti jusqu'au printemps. Quand le temps se réchauffera, de nouvelles feuilles et de nouvelles fleurs en boutons apparaîtront.

Devine ce qui va se passer...

Pourrais-tu raconter avec tes propres mots comment pousse un plant de fraises ?
Sers-toi de ces images pour t'aider.

Connais-tu un jardin où poussent des fraises ?
Compte le nombre de stolons à partir d'un plant de fraises.

3

6

PETIT LEXIQUE

Alimenter : le stolon alimente le jeune plant de fraisier. Il apporte la nourriture.

Butiner : les abeilles butinent. Elles se posent sur les fleurs pour récolter le nectar et le pollen.

Moisissure (la) : les moisissures sont de petits champignons qui grandissent parfois sur certains aliments comme le pain, les fruits, le fromage. Elles sont le plus souvent vertes ou blanchâtres.

Mulot (le) : le mulot est un petit rat qui vit dans les champs.

Sépale (le) : les sépales sont les petites pièces vertes qui se trouvent sous les pétales de la fleur.

Stade (le) : le plant de fraisier porte des fraises à différents stades de croissance, c'est-à-dire à différentes étapes, à différents moments de leur croissance.

Vaisseau (le) : les vaisseaux d'une plante sont des petits canaux par où circule la nourriture de la plante.